JUEGOS
DUROS

Laberintos Libros

ActivityCrusades

Publicado por Speedy Publishing Canada Limited

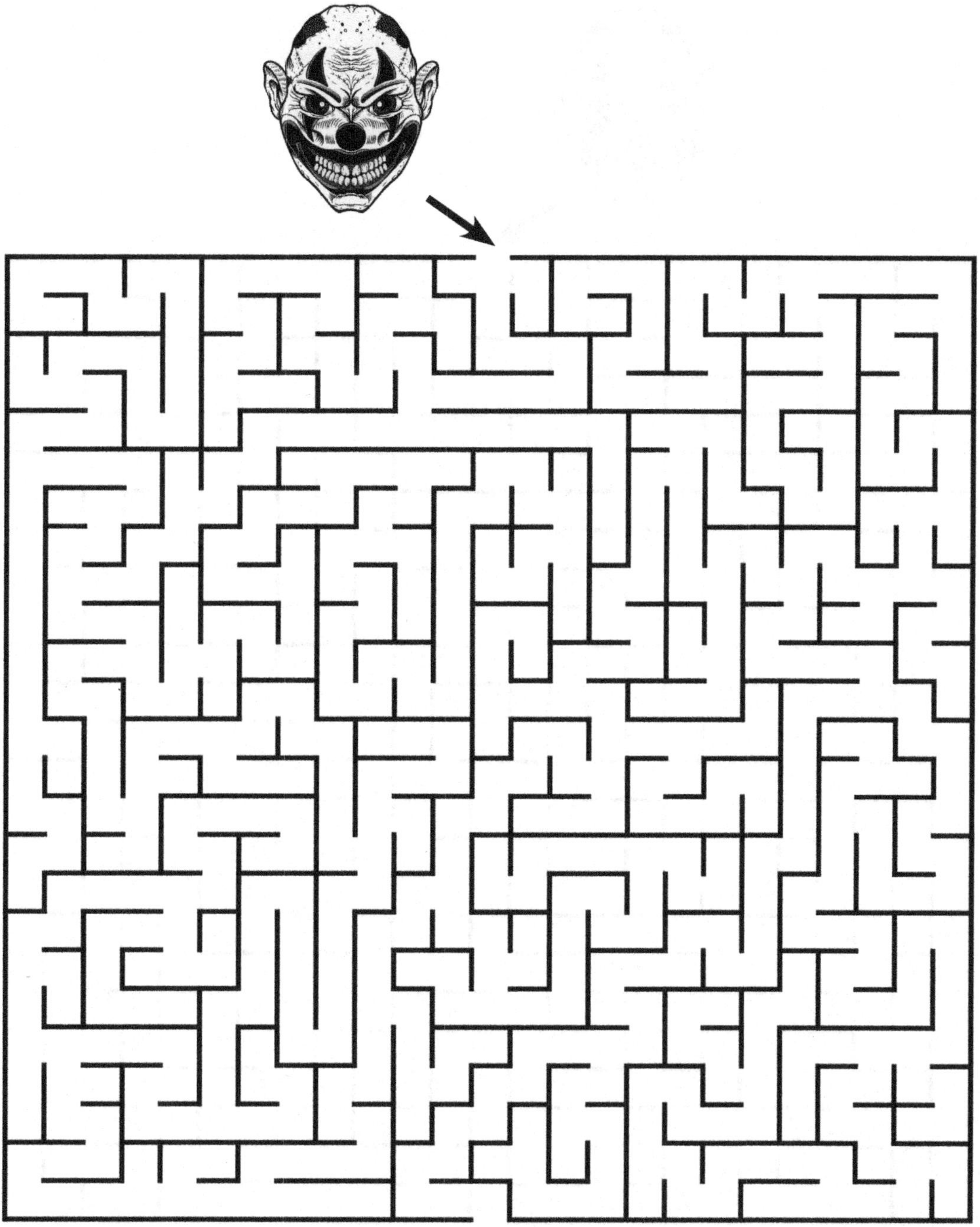

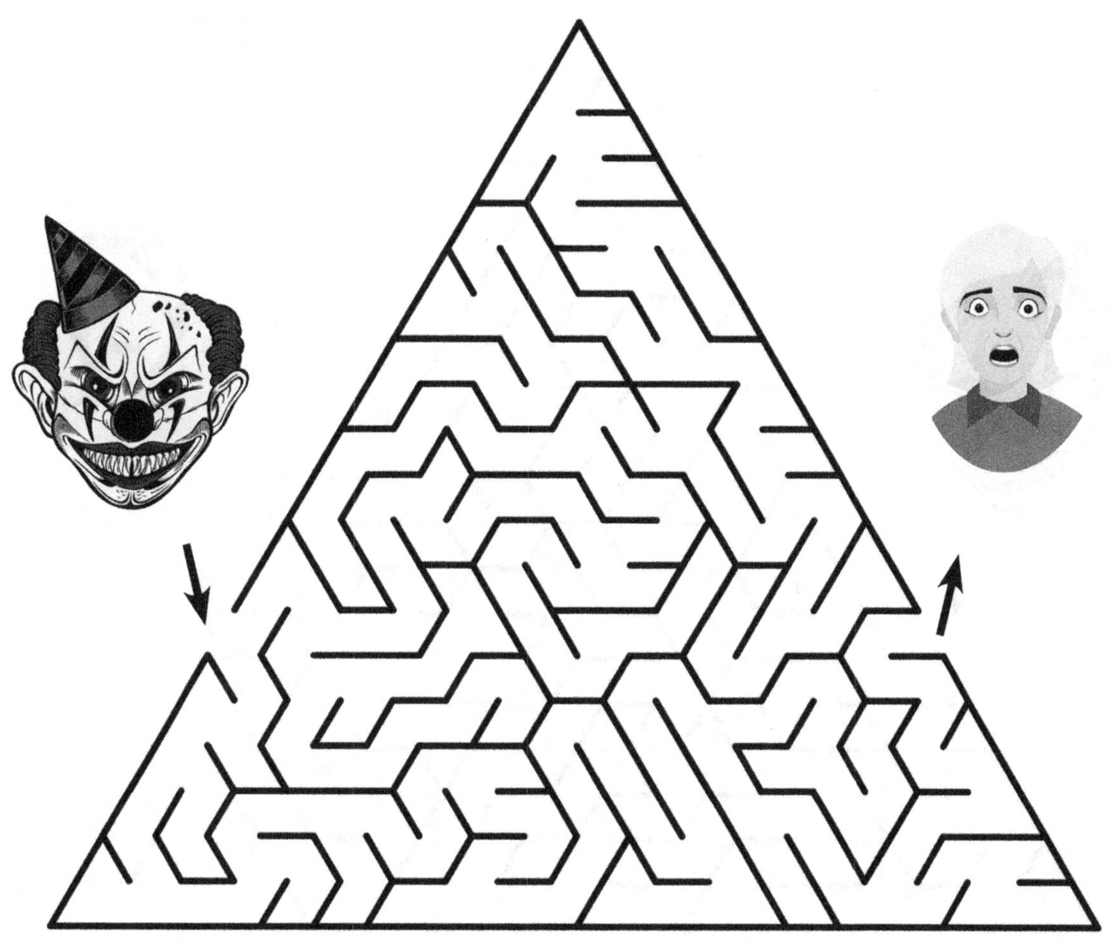

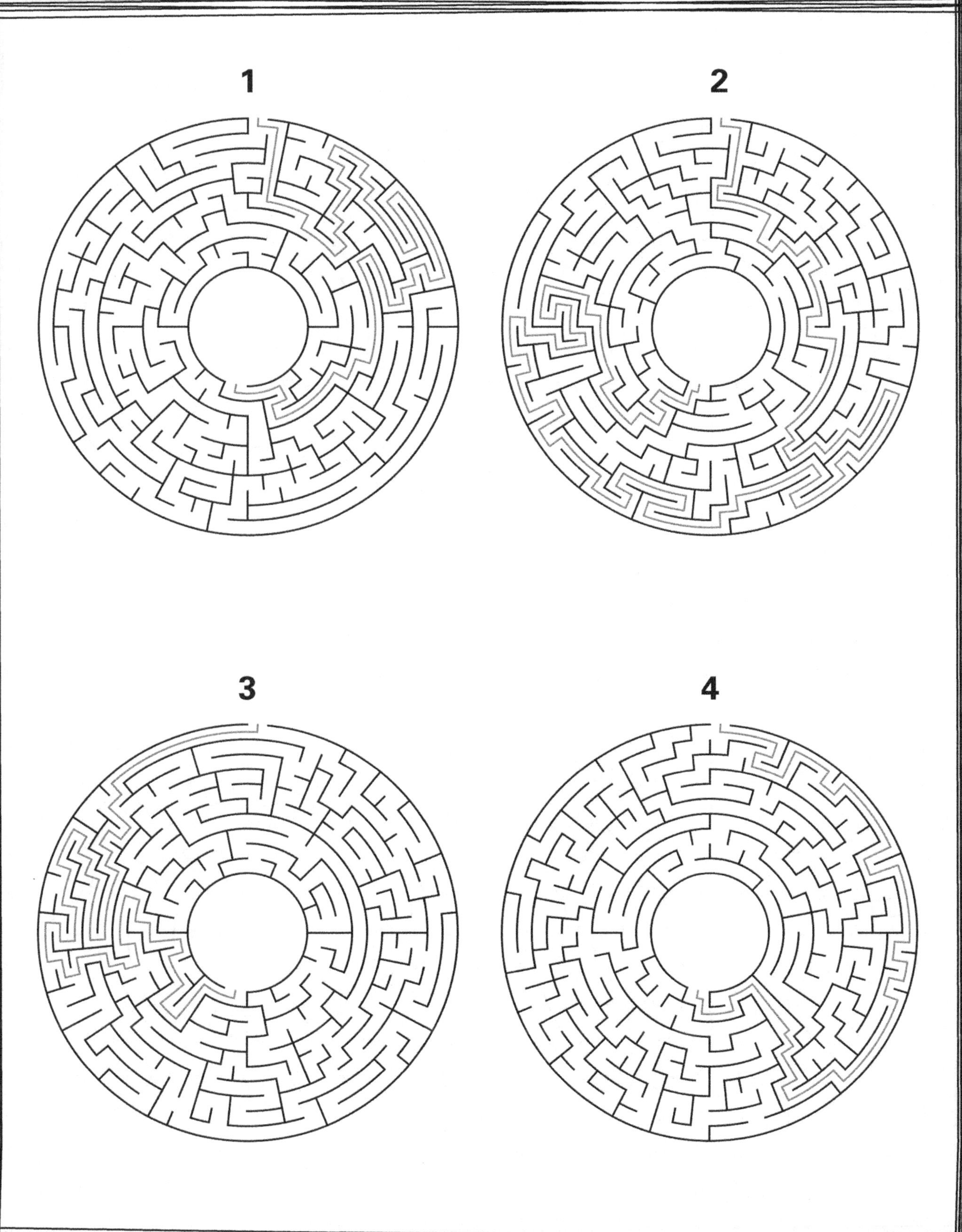

1
2
3
4

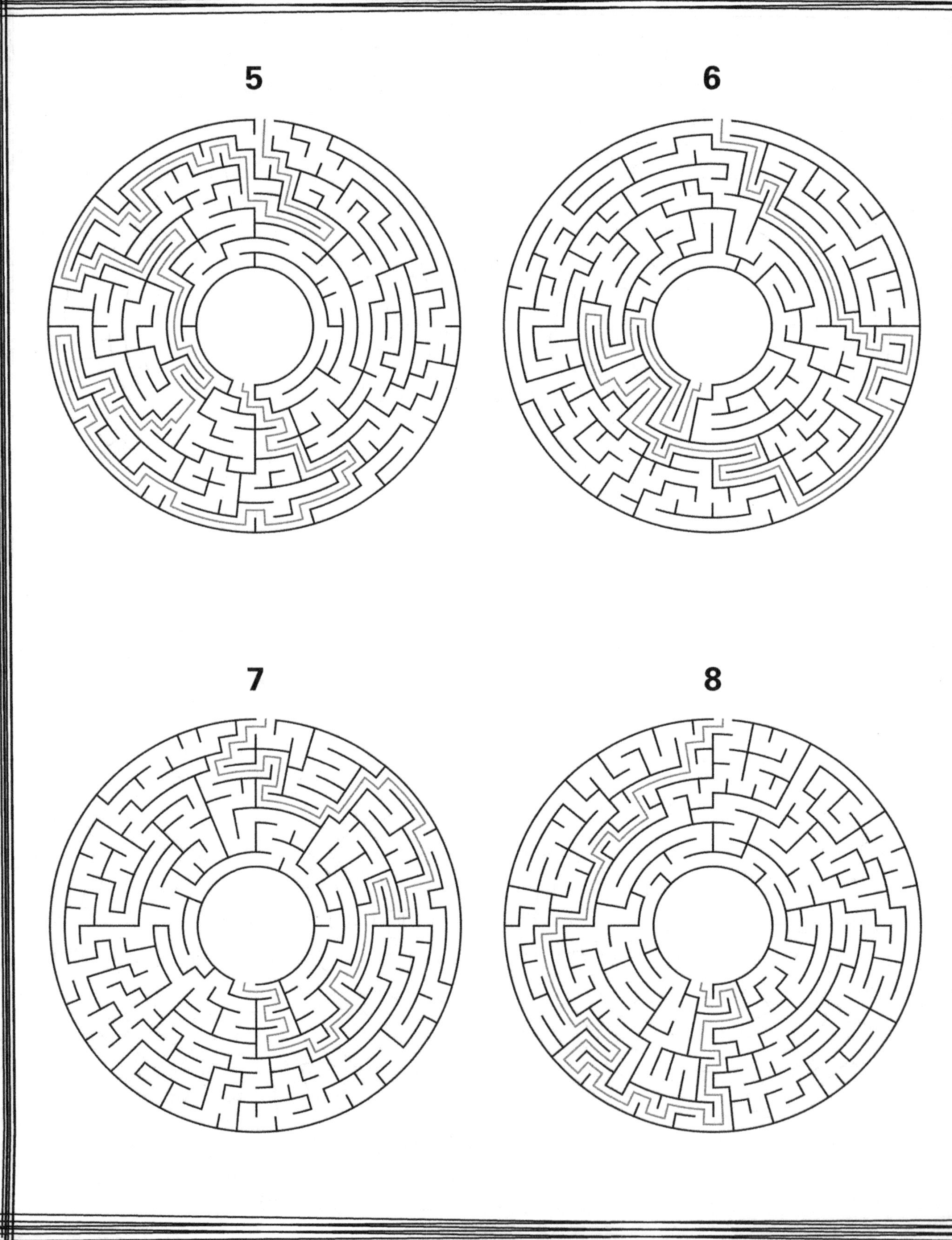
5
6
7
8

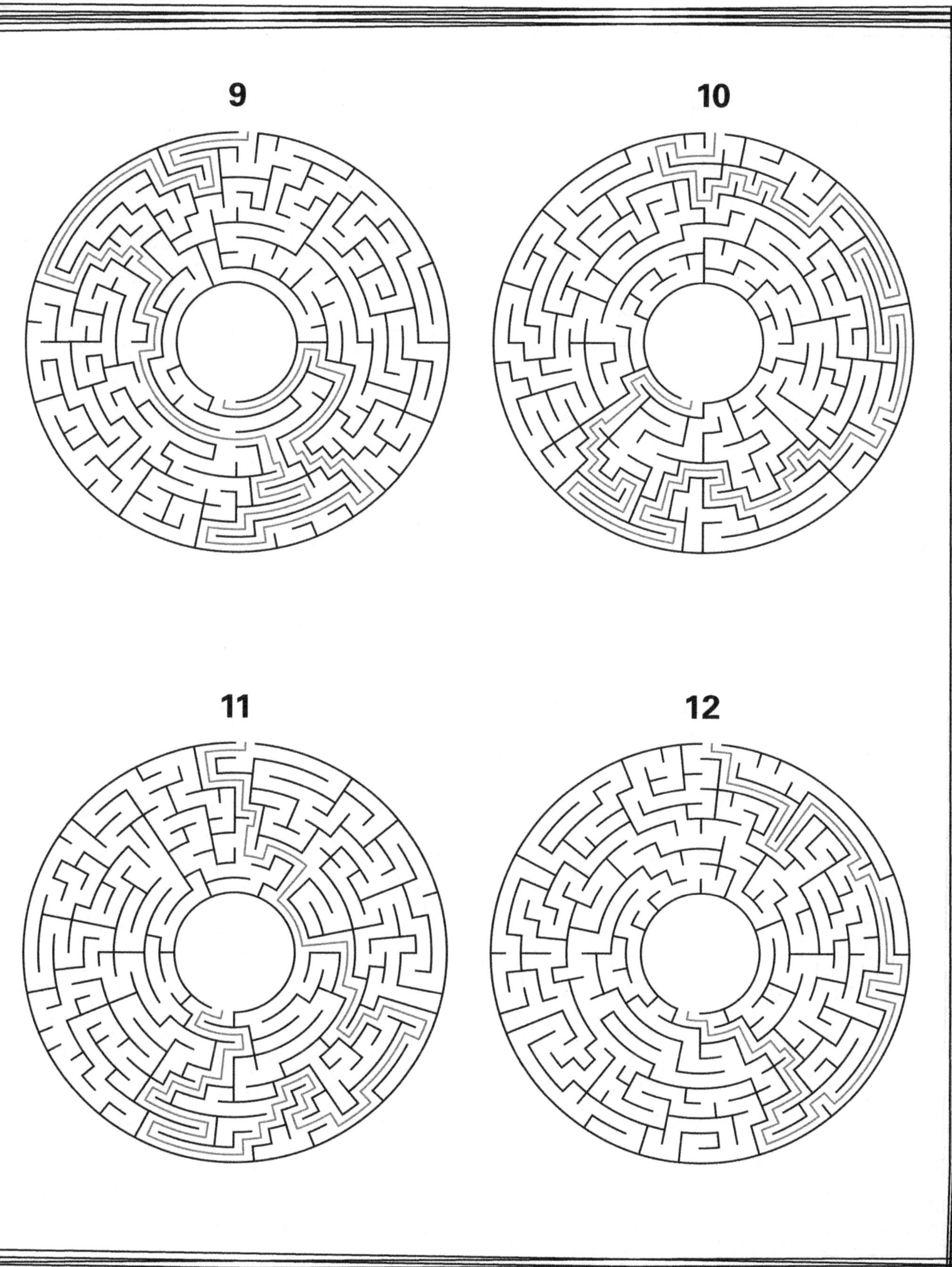

9

10

11

12

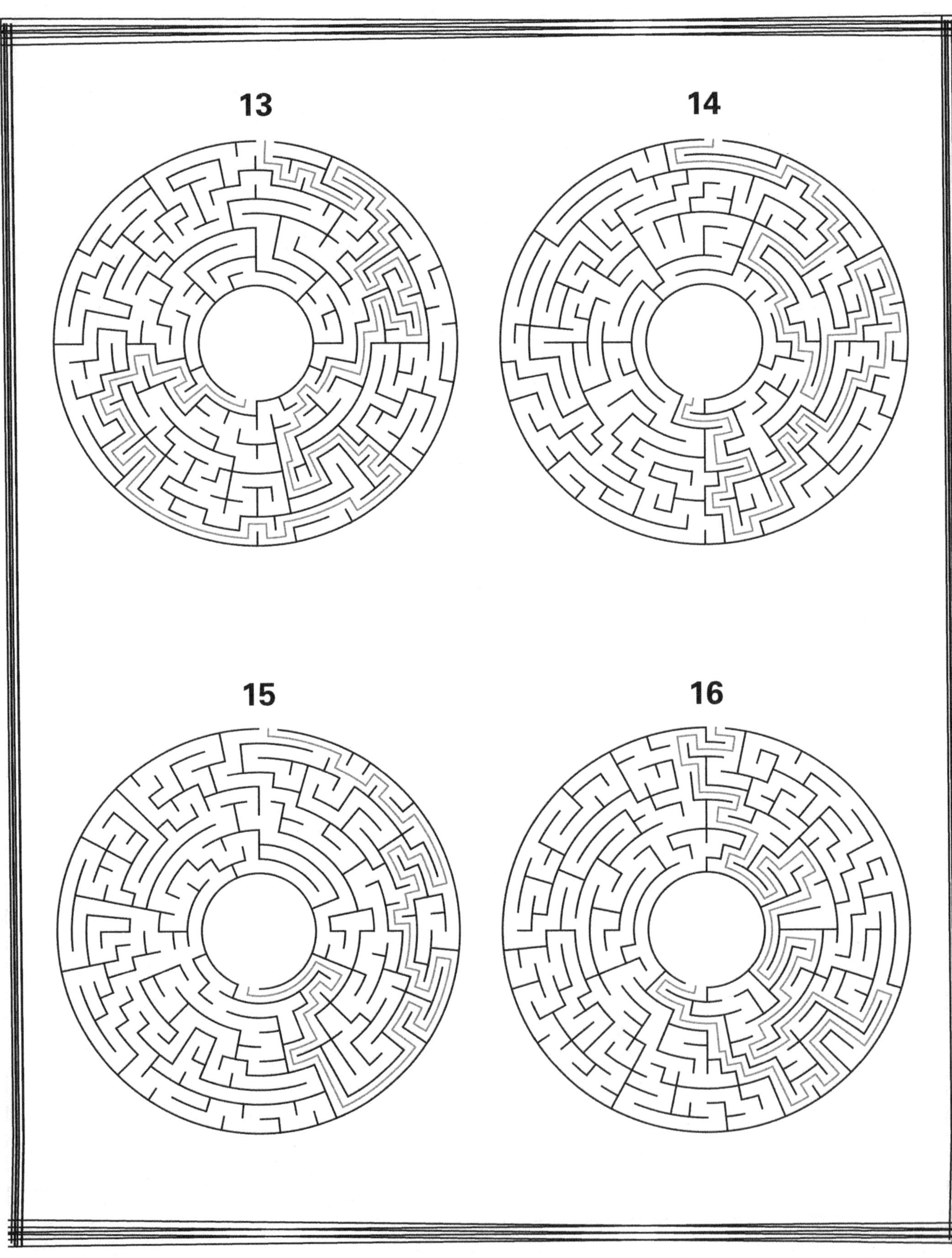
13
14
15
16

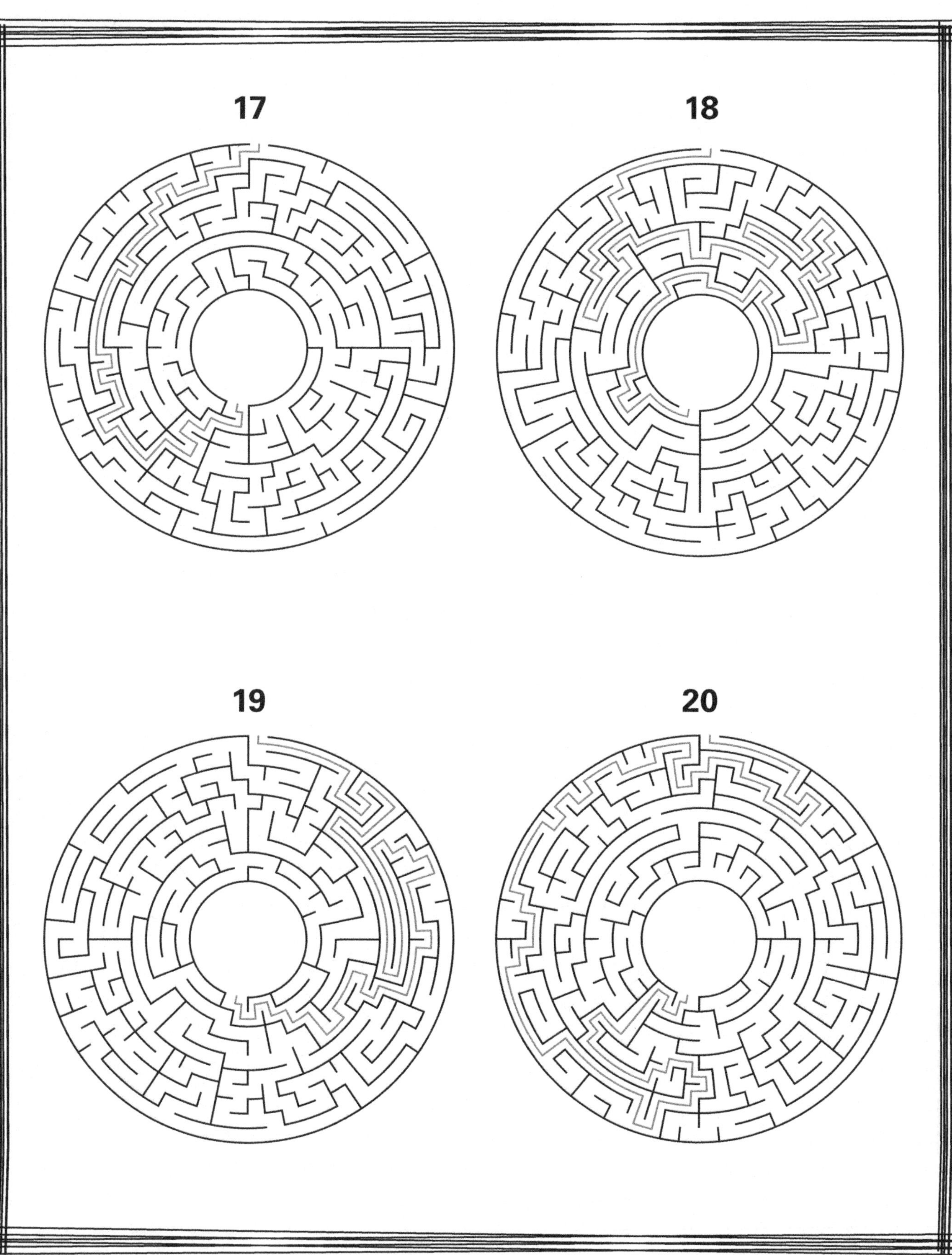
17
18
19
20

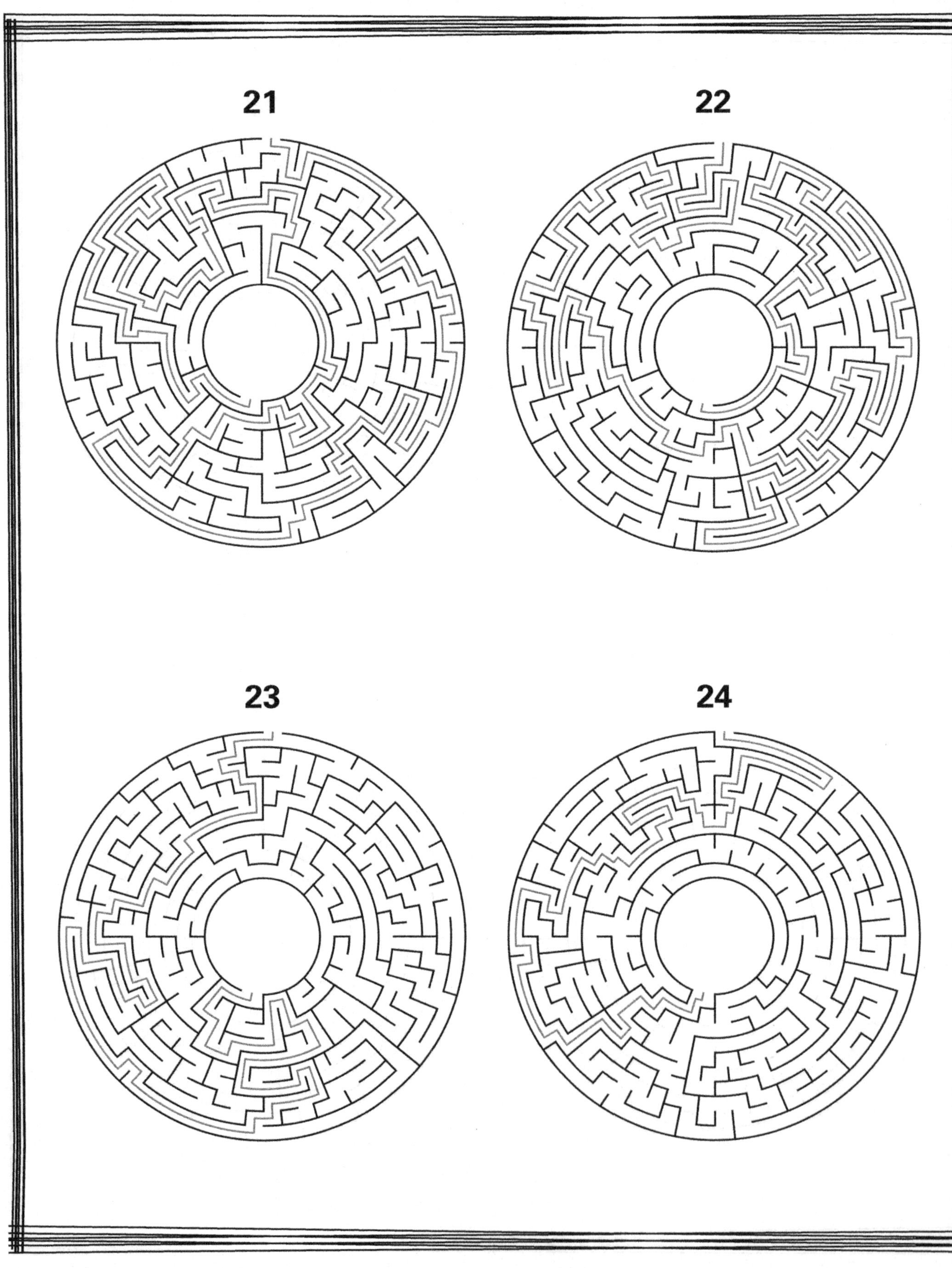
21
22
23
24

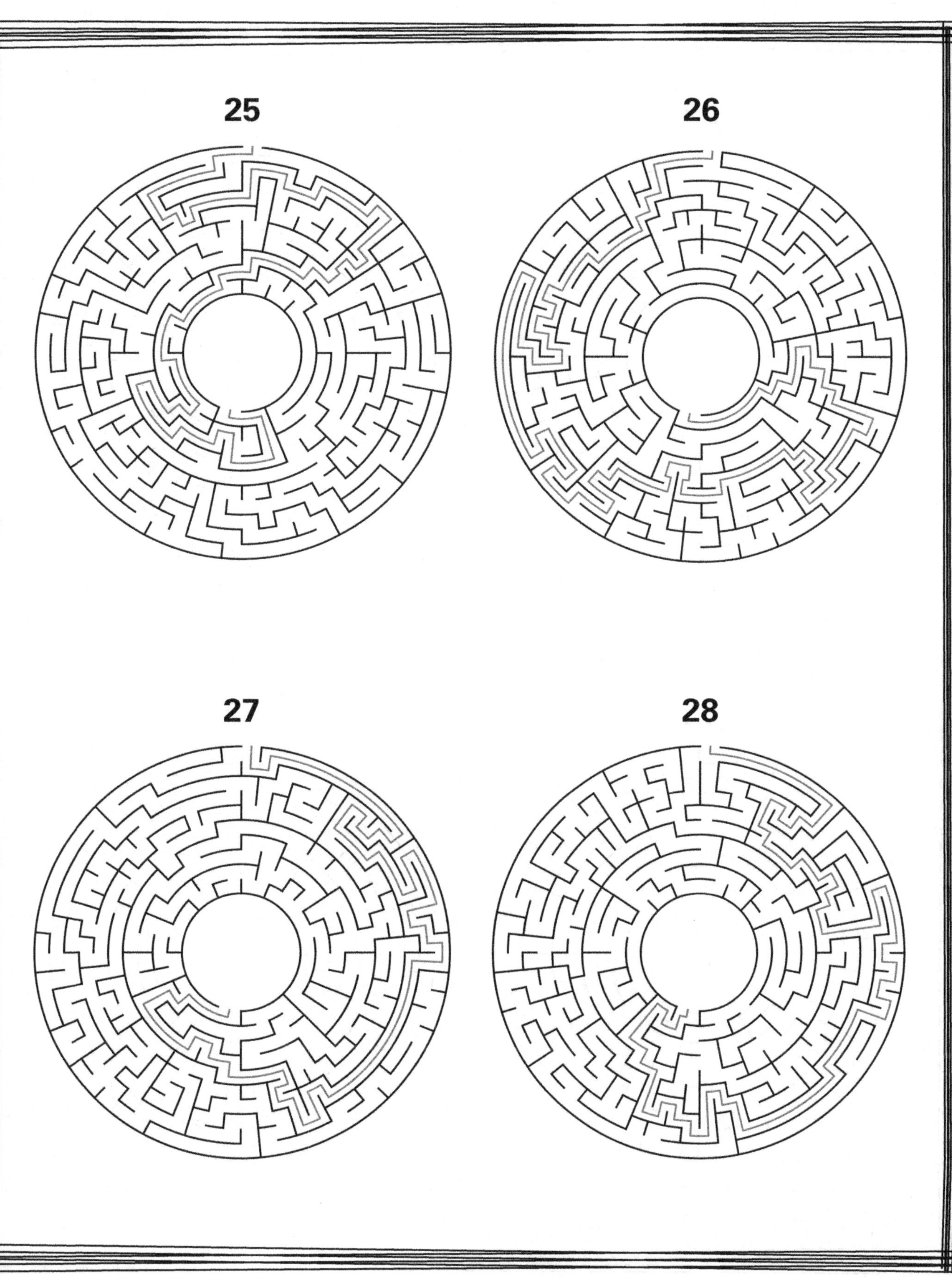

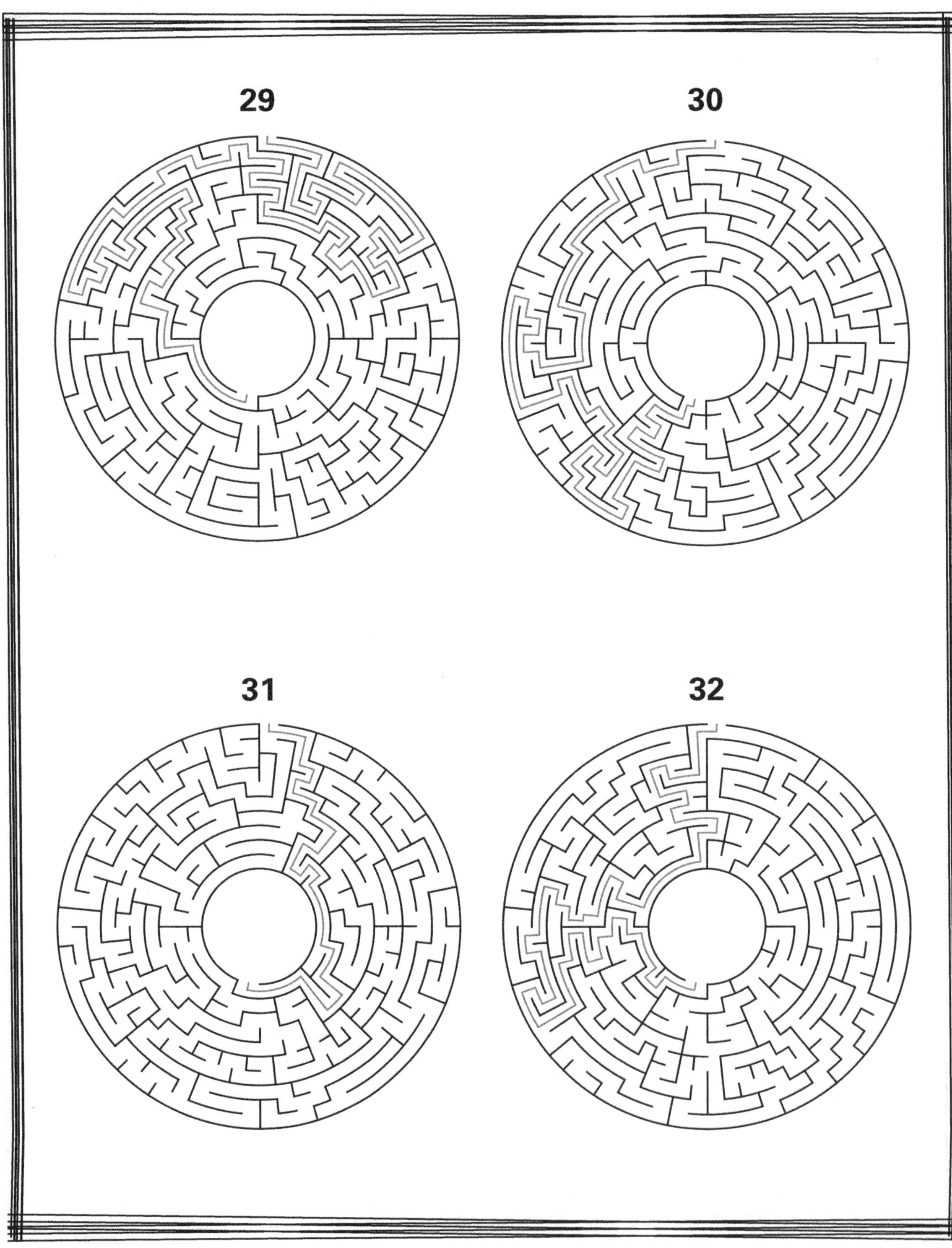

29

30

31

32

33

34

35

36

37
38
39
40

41
42
43
44

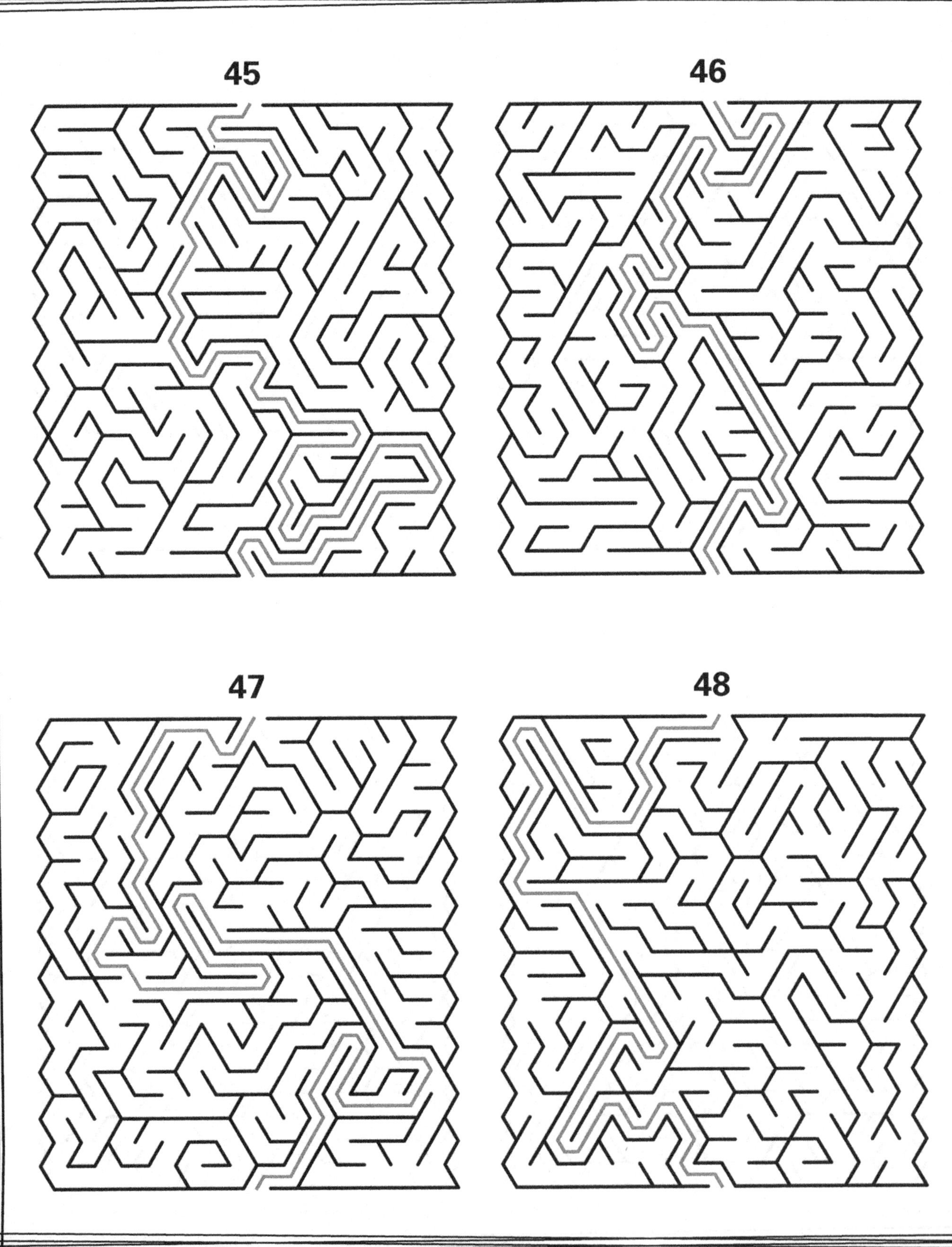

45
46
47
48

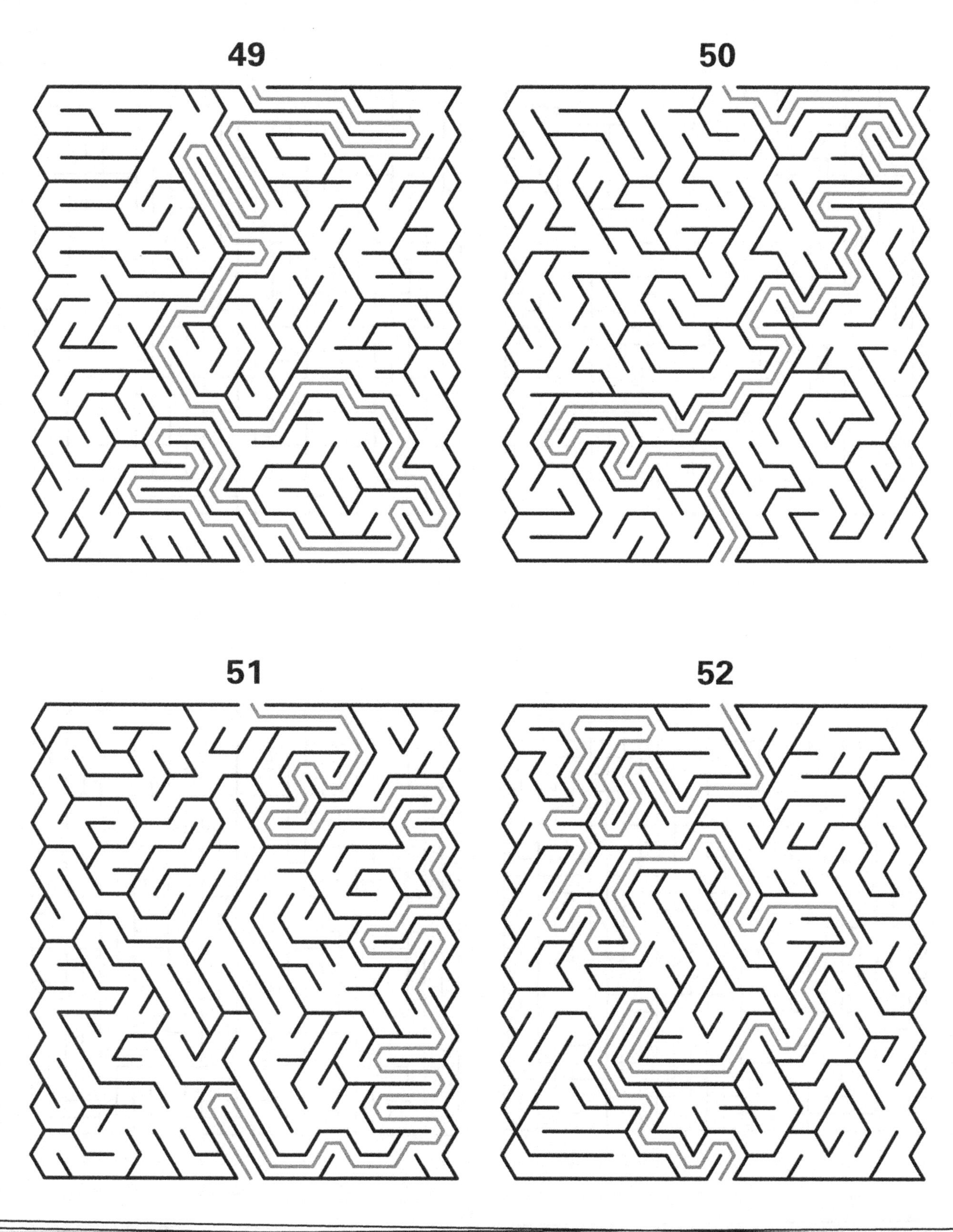

49
50
51
52

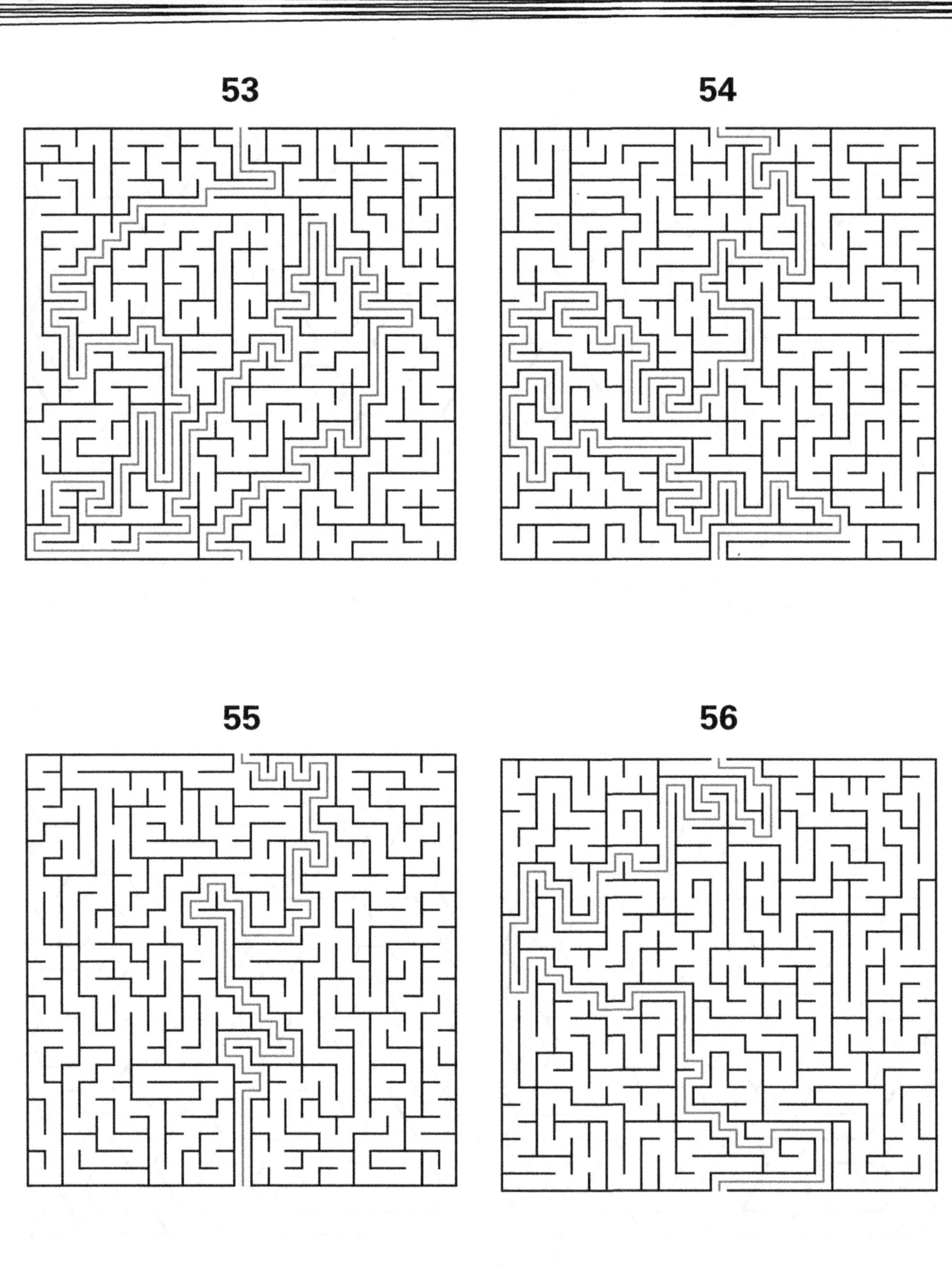

53

54

55

**56

57

58

59

60

61

62

63

64

65

66

67

68

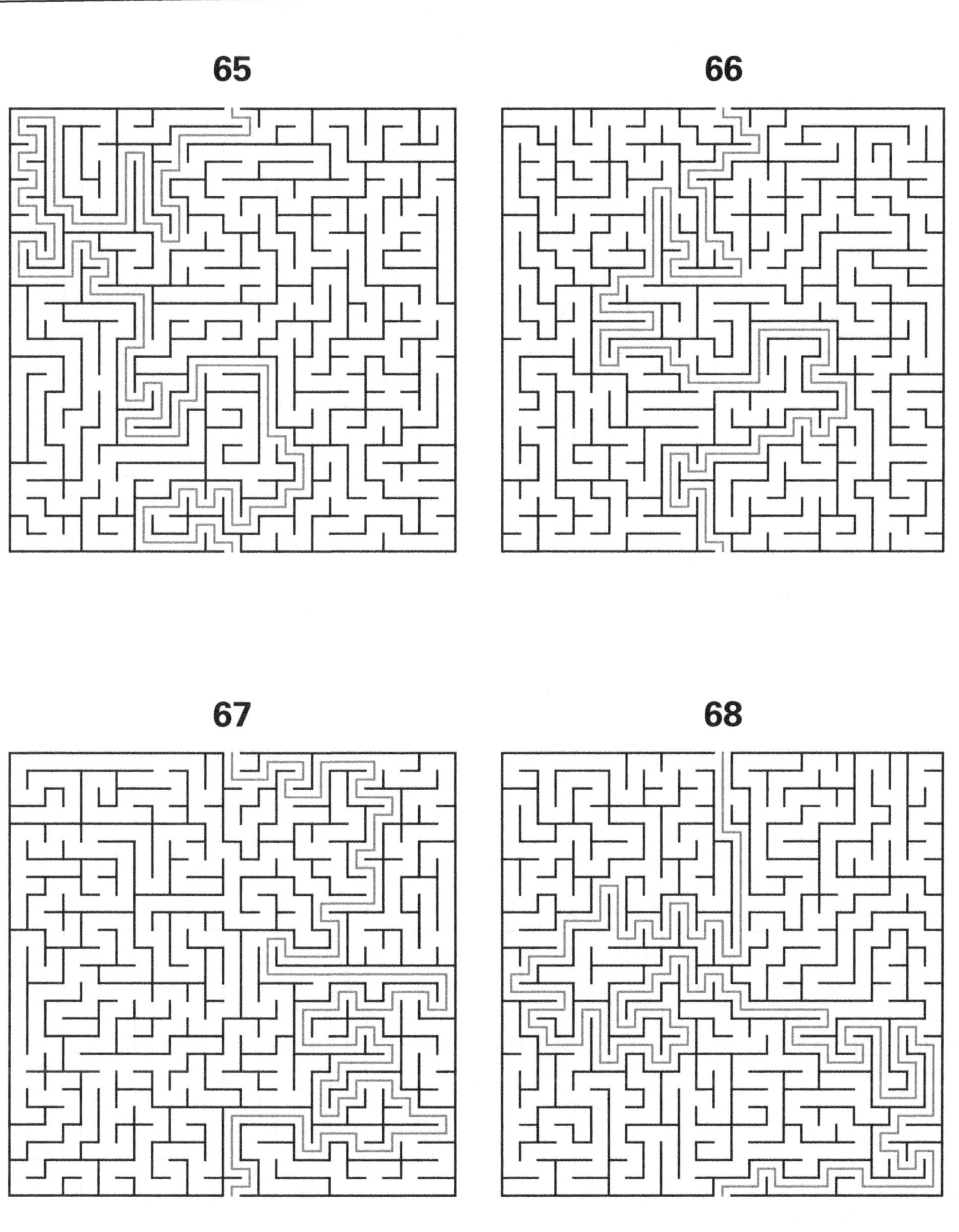

69

70

71

72

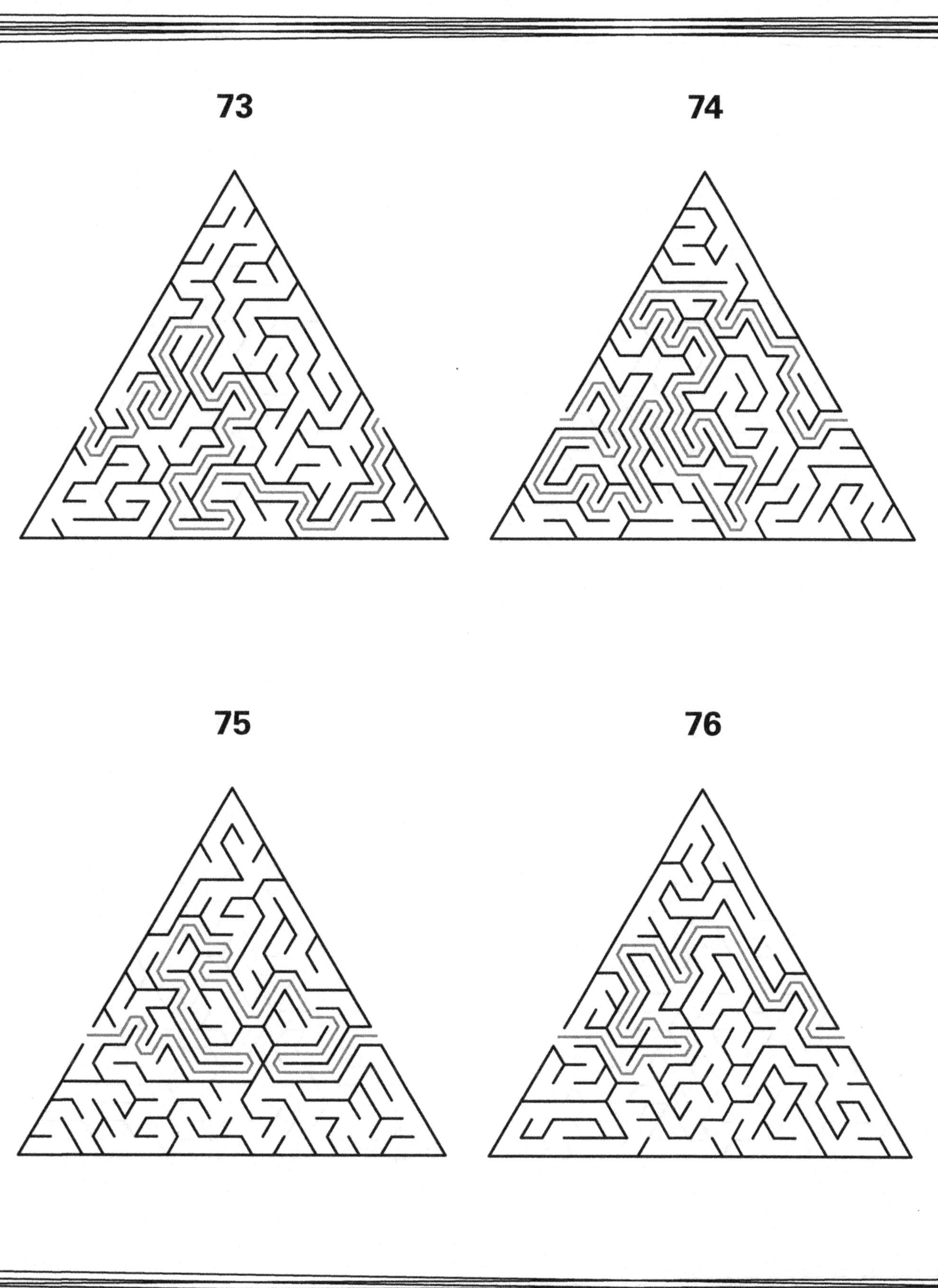

73
74
75
76

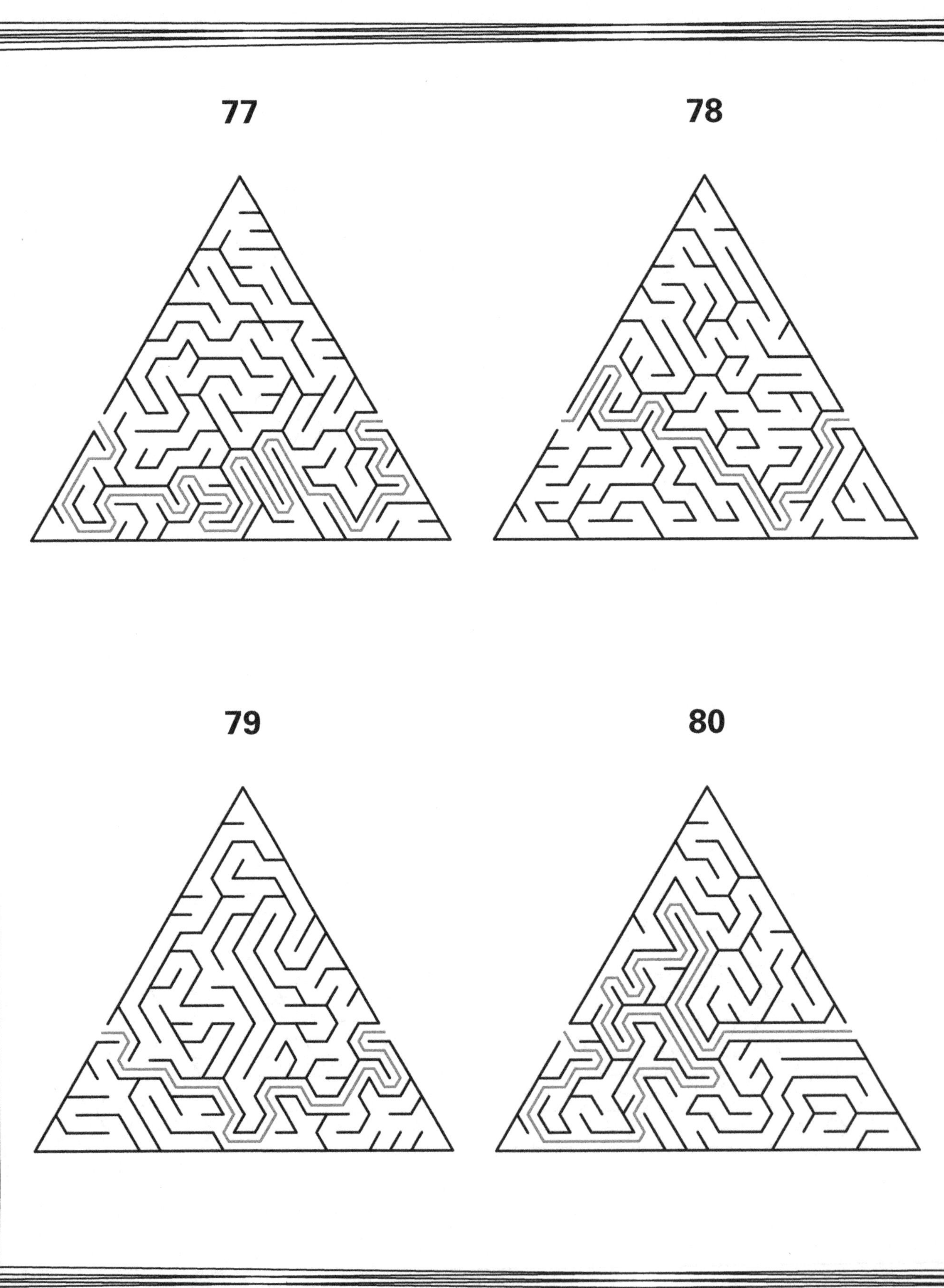

77
78
79
80

81

82

Made in the USA
Monee, IL
07 July 2026

56545398R00059